AF371171

RECHERCHES

HISTORIQUES

SUR L'ANTIQUITÉ

DE LA VILLE

DE BORDEAUX,

Contenant une idée de son origine et la description de ce qu'elle était du temps des Romains, sa position actuelle, ses monumens modernes et ceux de l'antiquité.

D. QUELLE est l'origine de la ville de Bordeaux ?

R. Elle est d'une telle antiquité, qu'aucun auteur ne peut assurer quel fut son fondateur, ni à quelle époque elle a commencé.

D. N'existe-t-il pas à Bordeaux aucun monument qui puisse nous en donner une idée ?

R. Tout ce qui en atteste l'antiquité, ce sont

A

les inscriptions trouvées dans ses débris de l'ancienne ville, dans les statues, les médailles, les vases, et autres objets antiques ; dans les historiens anciens, tels que Pline, Tacite, Strabon, qui en parlent comme d'une ville célèbre pour son commerce maritime.

D. D'où lui vient le nom de Bordeaux, ou Bourdeaux qu'elle porte aujourd'hui?

R. Les auteurs ne sont pas d'accord sur son étymologie : les uns la nomment BURDEGALA ou BURDIGALA ; d'autres prétendent qu'elle tire son nom de deux petites rivières, dont l'une se nomme la BOURDE, et l'autre la JALLE ; enfin il en est qui croient qu'il est tiré de l'espagnol BURGO, bourg, et de GALA, propre, parce que les habitans étaient d'une propreté recherchée. Nous serions portés à croire que les habitans de cette contrée venaient d'une émigration espagnole, qui, ayant trouvé un territoire commode pour s'y établir, bâtirent un bourg sur les bords de la Garonne, et par suite une ville que la proximité de l'Océan rendit florissante. Quoi qu'il en soit, elle était du temps d'Auguste si intéressante, qu'il la prit par ses lieutenans-généraux Marius Agrippa et M. Valerius, et en fit une colonie romaine.

D. En quel temps tomba Bordeaux sous la domination des Romains ?

R. L'an 16 de Jesus-Christ.

D. Qu'y avait-il de remarquable dans les environs de cette ville ?

R. Il existait encore, vers la fin du dernier

(5)

siècle, les restes d'un temple, que l'on nommait les Piliers ou Palais de Tutele, situé aux environs de la rivière, près le Château-Trompette; on croit qu'il avait été consacré à la déesse tutélaire de Bordeaux, et que c'est Camilius qui obtint des décurions, magistrats chargés des dépenses publiques, la permission de le faire bâtir.

D. Il y avait sans doute quelques îles ou villes dans son voisinage ?

R. Du temps d'Antonin, il y avait à l'embouchure de la Garonne une île nommée Antros, dont on voit encore les restes, où est située la Tour de Cordouan. Dans le même temps existait la ville de Médoc, sur le bord de l'Océan. Il y avait encore une ville nommée Noviomagos, qui est tombée en ruine ; ce n'est plus qu'un village appelé Soulac.

D. Comment a-t-on su que ce village avait été autrefois une ville ?

R. Par une inscription latine qui fait mention de la ville de Noviomagos.

D. Bordeaux, devenue colonie romaine, ne renfermait-elle pas quelqu'autre monument digne de fixer l'attention ?

R. Oui. Sous l'empereur Galien existait un vaste amphithéâtre à la manière des Romains, et d'une étendue extraordinaire.

D. De quelles matières était composé cet amphithéâtre ?

R. De grosses briques et de pierres carrées.

D. Pour qui avait-on fait ce palais ?

R. On l'avait élevé en l'honneur de Galienne, fille de l'empereur, qui avoit épousé un nommé Gallastre : il fut nommé le palais Galienne.

D. N'avait-il pas un autre nom ?

R. On le nommait aussi les arènes, il en a conservé le nom.

D. Bordeaux n'a-t-il pas été le séjour de quelque empereur ?

R. Tétricus, l'un des trente tyrans de Rome, a été proclamé empereur à Bordeaux en l'an 270.

D. Y avait-il encore quelque chose de remarquable dans cette ville, qui soit digne de l'attention des curieux.

R. Il y avait dans Bordeaux un havre et un arsenal enclos dans la ville pour retenir les bateaux. L'entrée de ce havre et de cet arsenal était par la porte que Paulinus appelle NAVIGERUM, c'est-à-dire, porte-bateau : il n'en reste plus aucun vestige, si ce n'est à l'embouchure du Peuque, où l'on voit deux tours anciennes, auxquelles on trouva une grosse chaine de fer attachée, l'an 1581, lorsque l'on enferma de murailles l'entre-deux des tours.

D. Donnez-moi une idée des mœurs du peuple de ce temps-là ?

R. On en peut juger par les fragmens de lois que nous allons citer ; car outre qu'il était considéré comme le plus attaché à l'extrême propreté qu'aucun de ceux qui l'avoisinaient, il était régi par des lois qui lui étaient particulières.

D. Donnez-nous-en une idée ?

R. En voici six articles. Le premier porte que les enfans sont censés en la puissance des pères, les femmes en puissance des maris ; que les maris ont droit de vie et mort sur elles ; qu'il est libre à un père de vendre ou louer ses enfans.

Le second, que si un mari, dans un mouvement de colère, tue sa femme, pourvu qu'il jure solennellement qu'il s'en repent, il est exempt de punition.

Le troisième, que l'homme et la femme surpris en adultère seront traînés nus dans les rues par le bourreau, ayant la corde attachée aux parties qu'on ne nomme pas.

Le quatrième, que les noces se feront de jour, et non de nuit.

Le cinquième, qu'il ne sera pas permis dans les noces et funérailles de surpasser les frais et dépenses prescrites par les lois municipales.

Et le sixième, que l'amende à laquelle les bourgeois pourront être condamnés, ne pourra excéder 60 sous tournois.

D. Y a-t-il long-temps que ces lois étaient en vigueur ?

R. Elles l'étaient encore en 1314.

D. Quelle était la valeur de la monnaie à cette époque ?

R. Le franc bordelais était de 15 sous tournois, la livre de douze sous, et le sou de sept deniers tournois et une pite.

D. La Guienne étant sous la domination romaine, par qui fut-elle envahie ?

R. Elle fut abandonnée par Honorius aux

Visigoths, qui la ruinèrent, et cette vile célèbre fut entièrement détruite.

D. Les Visigoths furent-ils les seuls qui la ravagèrent?

R. Les Sarrasins, les Normands et les Anglais tour-à-tour y exercèrent leurs brigandages.

D. Qui les délivra de ces fléaux de l'espèce humaine?

R. Ce fut Charles Martel qui défit les Sarrasins dans la Touraine, et qui facilita aux infortunés Bordelais les moyens de rétablir leur ville.

D. N'y est-il pas arrivé quelques événemens extraordinaires?

R. En l'an 547, un horrible tremblement de terre se fit ressentir, et le feu du ciel consuma presque tous les villages d'alentour.

D. D'où lui vient le nom de Ville aux Loups?

R. Bien des gens croiraient insulter ces habitans en se servant de cette épithéte, qu'il est utile d'expliquer.

D. Dites-nous donc ce qui y a donné lieu?

R. Le voici. Des loups étant entrés dans cette ville en plein midi, y dévorèrent tous les chiens, sans qu'aucun habitant osât s'y opposer, parce qu'ils craignaient pour la vie de leurs enfans.

D. Sont-ce là les seuls?

R. Parmi beaucoup que nous pourrions citer, celui-ci mérite l'attention par sa singularité. En 1328, il plut du grain dans plusieurs endroits de la Guienne, qui était semblable au froment.

(C'est la Chronique bordelaise qui rapporte ce fait.)

En voici un autre. Les pilotes qui venaient charger du vin de graves à Bordeaux, pour marquer qu'ils arrivaient de ce port, cueillaient des branches de cyprès dans une forêt qui est proche de la mer, et que l'on nommait la CYPRESSAT; ils en ornaient la poupe de leurs vaisseaux.

D. Après m'avoir donné une idée de l'ancienne ville de Bordeaux, parlez-nous de la nouvelle, non moins intéressante?

R. Cette ville est située, ainsi que l'autre, sur la rivière de la Garonne à 16 lieues S. E. de l'embouchure de cette rivière, de l'Océan et de la Tour de Cordouan; 5 lieues un tiers et demi S. S E. de Blaye; 5 lieues N. O. de Langon; 4 et demi-quart de Libourne; 27 S. S. E. de la Rochelle; 23 S. S. E. de Rochefort; 28 N. N E. de Bayonne; 28 un tiers N. O. d'Auch, et 89 S. S. E. de Paris.

D. Cette ville est-elle grande?

R. Elle est comptée au nombre de celles du second ordre.

D. Quelle est son étendue et sa forme?

R. Elle est triangulaire, et a 100 toises de longueur depuis le fort Saint-Louis jusqu'au Château-Trompette, et 500 toises de largeur depuis le château de Haa jusqu'à la rivière; sa circonférence, non compris le faubourg des Chartrons, est d'environ 3000 toises.

D. Pourquoi le port avait-il jadis le nom de port de la Lune?

R. On l'appelait ainsi parce qu'il forme une espèce d'arc, et qu'en y entrant on voit la longueur et toute la façade de la ville.

D. Y a-t-il dans Bordeaux des édifices distingués ?

R. On y distingue entr'autres l'église saint Michel ; du clocher qui est très-élevé, on découvre toute la ville et la campagne : la cathédrale, dédiée à saint André, édifice des plus vastes et des plus beaux dans son genre ; la nef en est spacieuse, et au pourtour règne une large corniche.

D. Parlez-moi du cimetière de saint Surin ?

R. On y remarque un tombeau de pierre élevé sur quatre pilliers, du haut duquel il découle des deux côtés des gouttes d'eau qui augmentent, à ce qu'on dit, quand la lune est dans son plein, et diminuent dans son déclin.

D. Continuez à me parler des édifices ?

R. La Porte-basse est un monument antique, dont la construction solide se ressent du siècle d'Auguste, sous lequel on bâtissait pour l'éternité. L'hôpital neuf est recommandable par ses manufactures, et sur-tout par celle de dentelles.

D. Quelles sont les principales places de Bordeaux ?

R. Le Cours, la place de la grande Comédie, celle de l'Egalité, et celle nommée de la Justice.

D. A quel endroit est situé le théâtre, ou la grande comédie ?

R. Sur la place du Cours.

D. On dit que c'est un beau morceau ?

R. C'est un des plus beaux de ceux qui exis-
tent en Europe, tant par son architecture que
par la peinture de son plafond, et sa distribution
intérieure.

D. Nommez-moi les artistes qui ont travaillé
à la composition de ce chef-d'œuvre?

R. M. Bonnet en est, dit-on, l'architecte, et
M. Robin a peint le plafond. Leurs noms suffi-
sent pour donner l'idée de la perfection de cet
édifice intéressant.

D. Y a-t-il quelque chose sur la Garonne qui
mérite de l'attention?

R. Il y a le pont de la Mothe construit de nos
jours, ainsi que la grande comédie, ouvrages
qui honorent notre siècle.

D. Dites-moi d'où le Château-Trompette ti-
rait son nom?

R. De ce que de cette citadelle on signalait
les vaisseaux qui venaient de l'Océan, par le
moyen d'une trompette ou cor-de-chasse.

D. Les places de Bordeaux sont-elles entou-
rées d'édifices?

R. Toutes le sont par des bâtimens que l'on
peut regarder comme des palais.

D. Où est la place du Cours?

R. Sur le bord de la Garonne. Il est planté de
peupliers, d'amandiers, d'ormes, etc., ce qui
rend cet endroit délicieux.

D. Y a-t-il dans Bordeaux quelques belles
rues?

R. En général les rues y sont fort étroites, et
se ressentent de leur antiquité; mais la rue de

Vendôme, celle de la Grande-Bretagne, et la rue Gouffé, ci-devant rue de la Justice, sont très-grandes et très-belles; elles sont, de plus, ornées de brillans édifices. La rue de la Grande-Bretagne peut être comparée à celle de Saint-Honoré à Paris, pour ses richesses, et les objets de luxe et d'utilité qu'on y trouve.

D. Donnez-moi quelques détails sur les monumens antiques trouvés dans les ruines de l'ancienne ville?

R. Près le prieuré saint Martin, on a trouvé, en fouillant, deux grandes statues de marbre blanc, l'une représentant un homme en habit de sénateur romain, elle n'avait point de tête; l'autre, une femme vêtue d'une robe longue retroussée jusqu'au genou, ayant le sein droit découvert; ses cheveux étaient entortillés autour de sa tête, avec la place pour y poser des perles, des pierreries et la couronne impériale. On pense que c'était Messaline, épouse de l'empereur Claude. Louis XIV voulant l'avoir à Versailles, on la chargea sur un bateau qui périt près Blaye, et ce beau morceau d'antiquité demeura au fond de la Garonne.

D. N'a-t-on trouvé que ces monumens?

R. Beaucoup d'autres statues mutilées s'y sont trouvées, mais qui n'en attestent pas moins la perfection des arts en ce temps-là. Une grande quantité de médailles des empereurs, tels que Claudius, Domitianus, Antonin, Constantin, Licinus, Messaline, Faustin et autres, ont aussi été trouvées dans les mêmes endroits, ainsi que des bras , des mains , des jambes , et beaucoup d'inscriptions.

D. Quelle est la plus remarquable des médailles ?

R. C'est celle appelée le cachet de Néron.

D. Donnez-m'en l'explication ?

R. On voit Marsias attaché à un arbre par le milieu du corps ; sa flûte est suspendue à une des branches de l'arbre ; derrière lui est un jeune homme à genoux , tendant les mains vers le dieu qui ordonne le supplice, pour implorer sa clémence. Apollon est sous la figure d'un adolescent ; l'inscription indique que c'est Néron qui l'a fait frapper.

D. Reste-t-il quelques vestiges des temples antiques ?

R. Près le prieuré saint-Martin existaient encore des murailles qui avaient appartenu à un temple dédié à Jupiter, et la porte de l'ancienne ville, de ce côté, se nommait Porta Jovis. On avait déposé dans la cour de l'hôtel-de-ville un autel qui portait un pied de hauteur et un pied huit pouces de largeur. On l'avait retiré du Château-Trompette où il était déposé ; de plus, un vase pour les sacrifices, une PATERE , sur laquelle était gravé un génie ailé.

D. D'où cet autel paraissait-il avoir été tiré ?

R. On pense que c'était du palais TUTELE, situé près du Château-Trompette. Mais y a tant de monumens antiques trouvés dans les ruines de l'ancienne ville, qu'il serait trop long de les détailler tous.

D. Quelles étaient les armes de la ville de Bordeaux ?

R. C'étaient un croissant de lune, des fleurs-de-lis, les ondes de la mer, des tours et un lion couché, avec cette légende :

Solia Sola regunt, Lunam undas, castra Leonem.

Déposé à la Bibliothèque impériale.

(Propriété de M. PÉNARD (de Tours).

A AVIGNON, de l'Imprimerie de BERENGUIER, place de l'Horloge.

Avec approbation et permission.